Je sais faire des animaux

Anita Ganeri et Judy Tatchell

Conception : Steve Page

Réalisation de l'édition française : Scorpio

Illustrations : Claire Wright, Jon Sayer et Rosalind Hewitt

Traduction : Jean-Jacques Schakmundès

Sommaire

2   À propos de ce livre
4   Le coloriage
6   Les chiens et les chats
8   Les chevaux
10 Les animaux de la ferme
12 Les animaux sauvages
14 Les grands félins
16 Les animaux de la jungle
18 Les animaux du désert

19 Les petits animaux
20 D'autres animaux sauvages
22 Les très gros animaux
24 Les ours
25 Les « peluches » vivantes
26 Les « bestioles »
28 Les animaux qui nagent
30 Les animaux qui volent
32 Index

Scholastic-TAB Publications Ltd.,
123 Newkirk Road, Richmond Hill, Ontario, Canada

À propos de ce livre

Élégants, féroces, exotiques ou véritables peluches vivantes, les animaux peuvent avoir des allures très différentes. Certains sont plus faciles à dessiner que d'autres.

Les caricatures ont un contour simple et exagèrent les traits marquants.

Grandes oreilles

Large bec

Grands yeux

Si vous aimez les animaux, vous prendrez certainement beaucoup de plaisir à les dessiner, ce qui d'ailleurs vous permettra de faire des progrès en dessin. Ce livre vous apprend comment dessiner et colorier toutes sortes d'animaux par une méthode facile et progressive.

Certains animaux se prêtent particulièrement bien à la caricature. En exagérant leurs caractéristiques naturelles, on leur donnera un aspect comique. Tout au long du livre, vous trouverez des suggestions pour de tels dessins.

Trucs professionnels

Dans cet ouvrage, nous vous livrerons des trucs qu'utilisent les dessinateurs animaliers professionnnels. En voici d'ailleurs deux, pour commencer. Il est plus facile de dessiner un animal isolé mais ce n'est pas toujours possible. Les dessinateurs animaliers travaillent souvent à partir de photographies plutôt que « sur le vif ».

Emportez toujours un carnet de croquis avec vous lorsque vous partez en promenade à la campagne ou au zoo et dessinez les animaux entiers mais aussi les détails (tête, pattes, etc.)

Dessin exécuté aux crayons de couleur et aquarelle

Dessin colorié au feutre de couleur

Dessin au crayon

Si vous voulez représenter les animaux de manière réaliste, ce livre vous aidera à bien respecter les formes. Vous apprendrez comment dessiner la fourrure, la peau, les plis, etc.

Tout ce dont vous aurez besoin pour commencer sera un crayon et du papier mais nous vous suggérerons également d'autres ustensiles.

2

Utiliser des formes élémentaires

Les corps des animaux paraissent compliqués mais ils sont souvent constitués de formes élémentaires. Dans ce livre, vous apprendrez à dessiner en utilisant ces formes simples pour construire la silhouette générale. Voici quelques exemples.

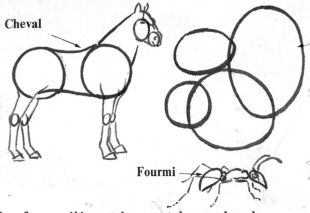

Cheval

Fourmi

Les formes élémentaires sont des cercles, des ovales, des courbes et des lignes droites.

Écureuil

Vous pouvez voir ici comment les silhouettes ont été construites autour des formes élémentaires.

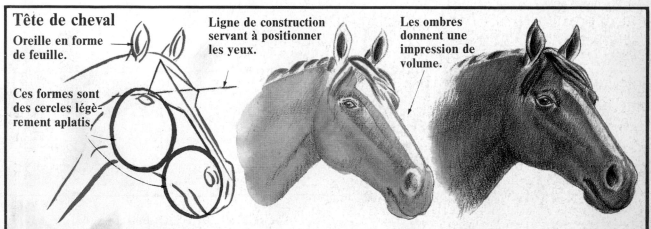

Tête de cheval

Oreille en forme de feuille.

Ligne de construction servant à positionner les yeux.

Les ombres donnent une impression de volume.

Ces formes sont des cercles légèrement aplatis.

Recopiez les formes simples ci-dessus. D'abord les rouges, puis les bleues, et enfin les vertes. Dessinez au crayon léger.

Dessinez les lignes extérieures autour des formes et ajoutez les détails des yeux et des naseaux. Dessinez la crinière. Coloriez légèrement puis ajoutez quelques ombres.

Vous pouvez continuer à l'aquarelle ou aux crayons de couleur. Ici, le cheval a été colorié en brun-rouge sur un fond d'aquarelle beige.

3

Le coloriage

Les animaux ont différentes sortes de peau, en fonction de leur habitat et de leur genre de vie. Ils ont parfois de la fourrure pour leur tenir chaud ou des motifs pour se camoufler. Voici différentes techniques pour représenter la fourrure, la peau, le poil, etc. qui vous aideront à colorier vos dessins d'animaux.

Fourrure

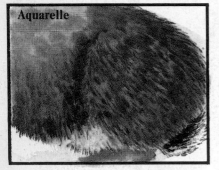

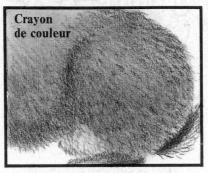

Pour l'aquarelle, commencez par un lavis très pâle. Laissez sécher. Rehaussez par des tons plus denses pour imiter la fourrure.

Si vous utilisez les crayons de couleur, commencez par une couche de couleur pâle uniforme. Représentez les zones plus sombres par de petits coups de crayon plus précis.

Pour le noir et blanc, utilisez un crayon noir tendre, un 3B*, par exemple. Pour les détails, utilisez la pointe d'un crayon plus dur, un 3H*, par exemple.

Poil

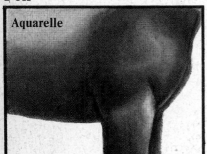

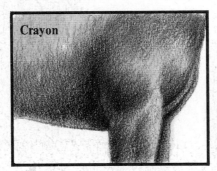

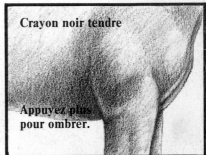

Pour le poil lisse, commencez par un lavis uniforme. Passez par-dessus la couleur dominante, en laissant des zones claires pour la brillance. Utilisez une teinte plus foncée pour les ombres.

Vous obtiendrez une texture lisse avec une pointe de crayon de couleur émoussée. Conservez quelques zones claires pour la brillance. Repassez sur les ombres ou utilisez une teinte plus sombre.

En noir et blanc, le fini devra être plus soigné que pour la fourrure. Utilisez un crayon tendre et un plus dur pour les contours.

4   *Les crayons sont classés de 9 B (très tendre) à 9 H (très dur).

Peau

Aquarelle

Sur du papier mouillé, les lavis se mélangent.

Pour une peau très colorée, telle la peau d'un serpent, exécutez le dessin au crayon léger puis colorez à la peinture ou au crayon de couleur.

Pour une peau marbrée, comme celle d'une grenouille, utilisez des crayons émoussés. Ajoutez différentes ombres à la peinture sur le papier mouillé.

Les pastels au fini brillant sont très utiles pour les couleurs vives mais ne permettent pas d'obtenir des détails très fins.

Coloriage des caricatures

Vous pouvez les colorier en aplats très lumineux. Les détails sont soulignés par un contour épais et les ombres sont superflues.

Truc

Placez le masque sur le croquis.

Masque de carton

Pour obtenir un cadre propre et net, avant de peindre découpez un masque dans un carton fin que vous poserez sur votre dessin. Vous peindrez à l'intérieur du masque. Vous pouvez d'ailleurs vous servir de masques de formes variées.

Les chiens et les chats

La caractéristique principale du chat est sa colonne vertébrale très souple.

Celle du chien est plus raide. Voici comment les dessiner.

Un chat

Indiquez les rayures au crayon avant de les colorier.

Gommez les lignes superflues avant le coloriage.

Tracez les formes au crayon en commençant par les rouges puis les bleues et enfin les vertes. Si vous ne réussissez pas du premier coup, essayez encore.

Adoucissez les contours. Ajoutez les détails comme les yeux, le nez, les moustaches. Passez un premier lavis très pâle et rajoutez les zones légèrement plus sombres par-dessus.

Pour le chat ci-dessus, utilisez du jaune, de l'orange et du brun. Vous pouvez utiliser l'aquarelle pour le fond et les crayons pour la fourrure. Terminez au crayon gris pour souligner les parties blanches (poitrine et pattes).

Un chien

Le corps est plus élancé.

Des coups de pinceau en « plumetis » donnent un aspect ébouriffé.

L'ombre sous le chien permet de le situer dans l'espace.

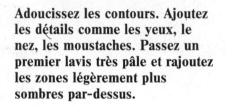

Les formes de départ sont semblables à celles du chat bien que les proportions en soient un peu différentes. Le nez est plus long et le corps plus élancé.

Le ventre du chien est plus creux que celui du chat et remonte vers le haut des pattes arrières. On voit nettement que la queue est le prolongement de la colonne vertébrale.

Ce chien est un setter anglais. Commencez avec un gris pâle puis rajoutez les taches sombres par-dessus. Enfin, passez du blanc pour faire ressortir les longs poils.

6

Comparer les chiens et les chats

On voit ici ce qui différencie les formes des chiens et des chats, lorsqu'ils sont assis ou allongés.

Le dos d'un chat assis est arrondi. Couché, il fait presque un cercle.

Il est plus facile de dessiner un animal de profil que de face.

Assis ou allongé, le dos d'un chien est beaucoup plus droit que celui d'un chat.

Caricatures de chiens et de chats

Les caricatures de chiens et de chats sont faciles à réaliser. Préparez votre dessin au crayon, repassez sur les contours au feutre noir. Coloriez en aplats de couleurs vives.

Les bébés-chats ou chiens ont des corps beaucoup plus ronds que les adultes.

7

Les chevaux

Les chevaux sont assez difficiles à dessiner. Employez la méthode ci-dessous.

Commencez par des formes élémentaires au crayon léger, puis passez au coloriage.

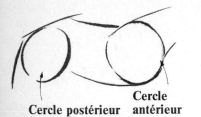

Cercle postérieur — **Cercle antérieur**

Tracez deux cercles, l'un un peu plus grand que l'autre. Le grand représente l'avant du cheval et le petit, l'arrière. Reliez-les par des courbes pour former le corps.

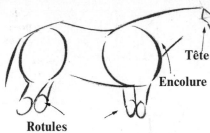

Tête — **Encolure** — **Rotules**

Prolongez le cercle antérieur par deux lignes en cône, pour l'encolure. Tracez un petit losange pour le front et le haut des pattes ainsi que des petits ovales pour les rotules.

Lignes de construction de la tête

Ligne d'appui (cf. page opposée, en bas).

Ajoutez les oreilles, le bas des pattes et les sabots. La tête est esquissée en lignes vertes. Positionnez les lignes de construction* pour les yeux et les naseaux. Vous les gommerez plus tard.

Longs coups de crayon pour la queue et la crinière

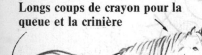

À présent, vous pouvez rajouter les détails. Dessinez la queue et la crinière par de longs coups de crayon. Dessinez l'œil, les narines et la bouche, puis gommez les lignes de construction.

Ombres pour la musculature

Voir également pages 4 et 5 pour le coloriage.

Indiquez les muscles par des ombres légères. Accentuez les ombres du ventre pour donner plus de volume et de réalisme à l'animal.

Couleur dominante

Ombres profondes

Donnez à l'animal sa couleur dominante au crayon tendre. Laissez quelques endroits blancs pour les reflets. Utilisez une nuance plus sombre pour parfaire les ombres.

Les allures

Au pas

Tête basse

Une patte avant est levée et la patte postérieure opposée est la plus en arrière.

Au trot

La tête et les pattes montent plus haut qu'au pas. Les pattes opposées avancent en même temps.

Au galop

La tête est tendue en avant. Les pattes opposées sont étendues en même temps vers l'avant et vers l'arrière.

Caricature de cheval

Suivez les étapes ci-dessous. Commencez par dessiner des rectangles et des bâtons jusqu'à obtenir les proportions voulues.

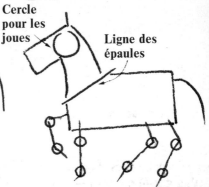

Cercle pour les joues

Ligne des épaules

Arrondissez les angles pour obtenir un volume plus souple. Exagérez la taille des naseaux, les lèvres tombantes et le corps lourdaud. Coloriez avec des feutres.

Truc

Quand vous dessinez un animal, il est très utile de tracer une ligne pour déterminer le point où s'appuie le poids du corps. Cela vous aidera à positionner les pattes et à équilibrer le dessin.

9

Les animaux de la ferme

Sur ces deux pages, découvrez comment dessiner les animaux de la ferme et les caricaturer. Si vous habitez près d'une ferme, essayez de les dessiner sur le vif mais commencez peut-être à vous exercer avec ceux présentés ici.

Une vache

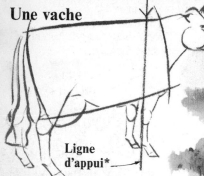

Ligne d'appui*

Ici, on a utilisé de l'aquarelle.

Silhouette plus mince

La tête est plus ronde.

Longues pattes fines

Pour dessiner une vache, commencez, au crayon, par les traits rouges, puis bleus puis verts. Elle a un corps plus massif et une encolure plus épaisse que le cheval.

La ligne du dos est également plus droite. Ombrez les parties claires puis les grosses taches. Quand c'est sec, repassez sur les taches à la peinture bleu-noir.

Utilisez la même technique pour dessiner un veau, mais en plus petit. Proportionnellement, par rapport au corps, les pattes sont plus longues et plus fines chez le veau que chez la vache. Son corps aussi est plus fin.

Caricature du mouton

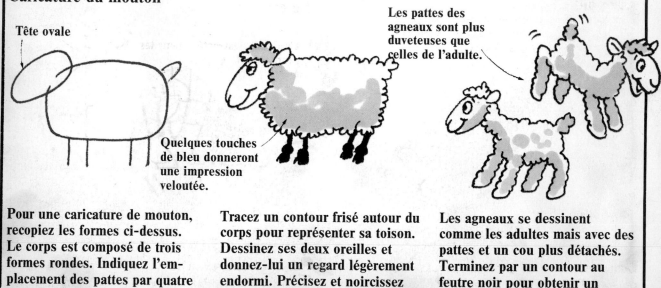

Tête ovale

Quelques touches de bleu donneront une impression veloutée.

Les pattes des agneaux sont plus duveteuses que celles de l'adulte.

Pour une caricature de mouton, recopiez les formes ci-dessus. Le corps est composé de trois formes rondes. Indiquez l'emplacement des pattes par quatre bâtonnets.

Tracez un contour frisé autour du corps pour représenter sa toison. Dessinez ses deux oreilles et donnez-lui un regard légèrement endormi. Précisez et noircissez les pattes.

Les agneaux se dessinent comme les adultes mais avec des pattes et un cou plus détachés. Terminez par un contour au feutre noir pour obtenir un aspect plus soigné.

Caricatures de canards et de cochons

Vous pouvez baser votre caricature de canard sur des ovales et des triangles autour desquels vous dessinerez les plumes.

Triangles pour la queue et les pattes

Les cochons sont de bons sujets de caricature à cause de leurs formes bien rondes, faciles à reproduire.

Tracez tout d'abord les trois cercles principaux.

Oreilles triangulaires

Plumes de queue ébouriffées

Groin

Rides pour suggérer le mouvement

Pattes volumineuses

Pieds fourchus

Une poule

Aquarelle brun clair puis taches sombres rajoutées par-dessus.

Le coq

Couleurs contrastées pour les plumes de la queue.

Ligne d'appui*

Ligne d'appui*

Cette esquisse est assez difficile à réaliser.

Commencez par les lignes rouges. Puis le dos, ici en bleu. Enfin, ajoutez les autres lignes bleues et la tête.

Tracez de longues courbes pour le corps du coq. La crête est plus importante que chez la poule et le plumage est plus coloré.

Explication de la ligne d'appui en page 9.

11

Les animaux sauvages

Voici comment dessiner quelques animaux sauvages. Ce sont tous des animaux très craintifs, mais certains, comme le renard et l'écureuil, s'aventurent jusque dans les agglomérations.

Les lapins

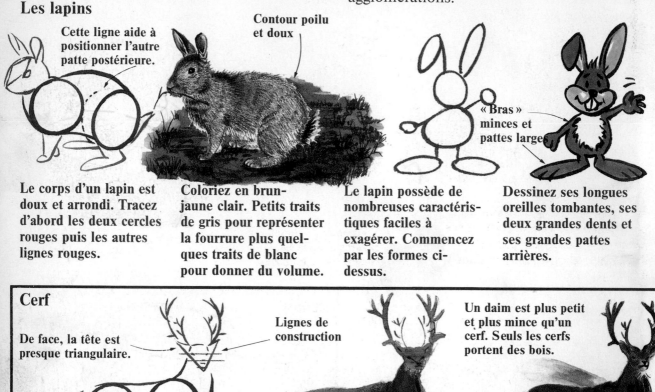

Cette ligne aide à positionner l'autre patte postérieure.

Contour poilu et doux

« Bras » minces et pattes larges

Le corps d'un lapin est doux et arrondi. Tracez d'abord les deux cercles rouges puis les autres lignes rouges.

Coloriez en brun-jaune clair. Petits traits de gris pour représenter la fourrure plus quelques traits de blanc pour donner du volume.

Le lapin possède de nombreuses caractéristiques faciles à exagérer. Commencez par les formes ci-dessus.

Dessinez ses longues oreilles tombantes, ses deux grandes dents et ses grandes pattes arrières.

Cerf

De face, la tête est presque triangulaire.

Lignes de construction

Encolure puissante pour supporter les bois

Un daim est plus petit et plus mince qu'un cerf. Seuls les cerfs portent des bois.

Les formes de base du cerf sont identiques à celles du cheval (lignes rouges). Cependant, il tient sa tête plus droite sur une encolure puissante.

Tracez les contours et utilisez les lignes de construction pour positionner yeux, naseaux et bouche. Passez la teinte dominante et indiquez quelques ombres.

Ajoutez du brun-rouge et ombrez fortement sous le ventre et le long du cou. Les bois sont gris avec quelques taches blanches pour les rendre veloutées.

Caricatures

Hérisson

Pour caricaturer un hérisson, il faut exagérer son nez pointu et ses piquants. Commencez par plusieurs ovales ; comme indiqué ci-dessus.

Écureuil

Suivez les indications ci-dessous. Accentuez les joues, les deux grandes dents et la grosse queue ébouriffée.

Vous pouvez ajouter des rayures pour le faire ressembler à un tamia.

Faon

Il a une tête plus ronde que le cerf.

Le faon est plus petit. Son cou et ses pattes sont moins musclés et plus longues par rapport au corps, que chez le cerf.

Commencez par un lavis léger puis accentuez les tons plus sombres. Lorsque c'est sec, ajoutez les taches blanches.

Renard

Ce renard a une allure rusée, grâce à son long nez pointu et à ses yeux mi-clos. Pour dessiner un vrai renard, utilisez les mêmes formes de base que pour le chien (voir pages 6-7).

13

Les grands félins

Tous les félins ont les mêmes formes de base. Leur corps est allongé et souple.

Observez les différences de pelage et de tête.

Un tigre

Les formes du tigre sont sensiblement les mêmes que celles du chat (page 6). Lignes rouges en premier, puis bleues et enfin, vertes.

Tracez les contours autour des formes. Les épaules sont plus puissantes et la tête moins ronde que chez le chat.

Pour le colorier, commencez par un fond clair, puis continuez par les marques du pelage. Voyez page opposée pour les différents types de pelages.

Têtes

Les têtes des grands félins sont plus variées que leurs corps.

Dessinez contours et lignes de construction au crayon léger.

Le tigre ressemble à un énorme chat avec une tête très large.

Le lion a une tête longue avec une puissante mâchoire inférieure.

Le guépard, plus aérodynamique, a une petite tête.

Le jaguar a des oreilles rondes. Sa gueule et son museau sont en forme de poire.

Caricatures

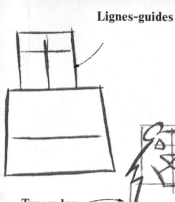

Lignes-guides

Tracez les courbes à l'intérieur des rectangles.

Tigre

◀ Tracez les formes carrées ci-contre. Utilisez-les comme guides pour remplir les différentes parties du corps. La tête est très poilue.

Les rayures aident à souligner les contours du corps.

Les yeux mi-clos donnent une expression de supériorité.

Lion

Les yeux doivent se situer au-dessus de cette ligne.

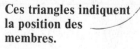

Ces triangles indiquent la position des membres.

Pour le lion, utilisez des triangles comme formes de base et un cercle pour la tête.

Différents pelages

On a utilisé l'aquarelle pour les exemples ci-dessous mais on peut aussi se servir de crayons de couleur.

Les rayures du tigre ont été ajoutées sur le papier encore humide.

La crinière du lion a été soulignée au crayon de couleur par-dessus le lavis.

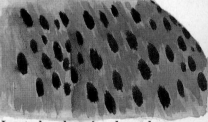

Les taches du guépard sont harmonieusement réparties sur tout le corps.

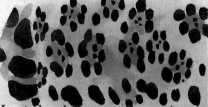

Les taches du jaguar sont agencées en couronnes autour de petites taches centrales.

15

Les animaux de la jungle

Voici comment dessiner quelques animaux qui vivent dans la jungle.
Au zoo, vous pourrez les dessiner sur le vif.

Observez leurs déplacements et leurs expressions. Ces détails donneront du réalisme à vos dessins.

Gibbon

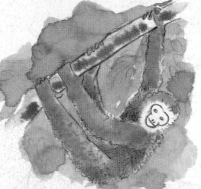

Les singes ont de longs bras et des mains et pieds très puissants pour saisir les branches. Dessinez les formes de base ci-dessus.

Coloriez la fourrure du gibbon en brun-jaune pâle. Suggérez une fourrure pelucheuse par de petits traits plus foncés.

Ombrez la fourrure pour obtenir un meilleur rendu. Accentuez fortement les détails de la face.

Gorille

Le poil du gorille est plus fourni que celui du gibbon.

Orang-outang

Le corps du gorille est extrêmement puissant et trapu. La couleur dominante est le noir. Ajoutez du blanc pour rehausser l'ensemble.

Cet orang-outang est tout en couleurs. Ses épaules sont puissantes comme celles du gorille, sa face est large. Sa tête est enfoncée dans les épaules. Le poil, très fourni et ébouriffé, sera colorié en brun-orange.

La vie dans la jungle

Dans cette scène de jungle, vous voyez quelques caricatures d'animaux sauvages.

Exagérez les longs bras des singes ainsi que leurs doigts et orteils. Donnez-leur des expressions humaines.

Pour la peau des serpents, utilisez des couleurs très vives et contrastées.

Voici une caricature de crocodile nageant entre deux eaux. Exagérez ses yeux saillants et ses dents pointues.

Crocodile

Queue très puissante

Écailles du dos en dents de scie

Les dents sortent de la mâchoire.

À part ses pattes courtaudes et son nez court, le crocodile du Nil ci-dessus est constitué de formes très fines. Coloriez-le en nuances de gris et brun-gris.

Utilisez un crayon pointu ou un pinceau fin pour ajouter les écailles de la peau. Quelques petites taches blanches donneront l'aspect humide et brillant.

Les animaux du désert

De nombreux animaux vivant dans les déserts ont des caractères très particuliers qui les aident à survivre dans des conditions de sécheresse et de chaleur extrêmes.

Certains reptiles ont des couleurs très vives pour impressionner leurs prédateurs. Les autres ont des couleurs qui se fondent dans l'environnement où ils vivent. Essayez de tracer tout seul leur forme générale.

Iguane

Gecko

Serpent corail

Crotale

Chameau

La tête est presque à l'horizontale.

Le chameau a deux bosses, le dromadaire, une seule.

Le chameau a une encolure laineuse.

Le chameau emmagasine de la graisse dans ses bosses pour se protéger de la chaleur. Pour les formes générales, tracez les lignes rouges, puis les bleues, enfin les vertes.

Coloriez le chameau d'un lavis brun-jaune pâle. Sur le papier encore humide, tamponnez quelques taches rougeâtres ou brun foncé.

Caricature

La ligne du cou rejoint la base du corps.

Rotules

Exagérez la taille de la tête et des rotules. Commencez par un tracé au crayon.

Accentuez les lèvres larges et tombantes. Les yeux mi-clos lui donneront un air hautain. Dessinez de longs poils sur sa bosse et sous le cou.

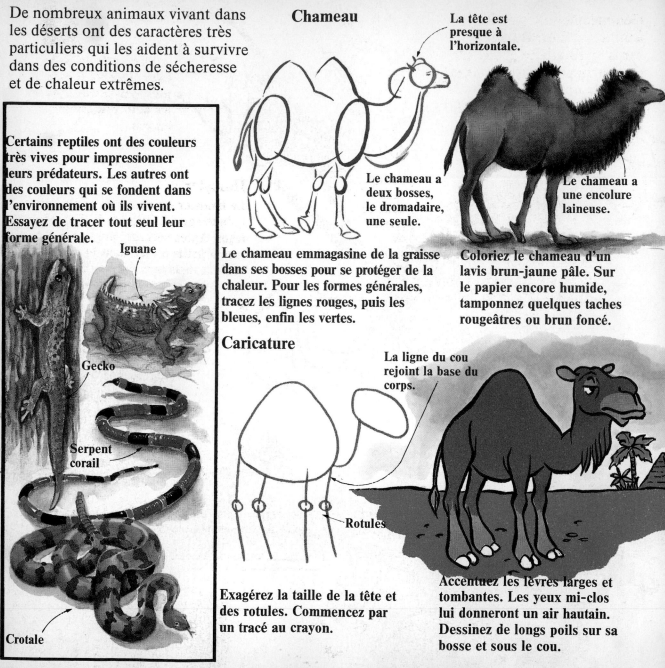

18

.s
un
e. On
de la

Inde.

Souris

◀ Pour colorier une souris,
utilisez un lavis jaune
sable. Laissez sécher
puis, par-dessus, tracez
les poils courts au
crayon.

Petits
yeux
noirs en
forme
de
perles

Hamster

Le hamster est plus gros et plus rond
qu'une souris. Coloriez-le d'un brun
léger. Après séchage, peignez la fourrure à petits coups, dans la même
couleur mais plus dense. Puis accentuez les zones sombres par-dessus.

▼

d'une
ngs
très

cause de
tu et de

sa longue queue. Essayez de dessiner vous-même
les formes de base de cette souris.

Quelques autres animaux sauvages

Voici quelques animaux sauvages et leurs caricatures. Ils ont des silhouettes très

variées qui vous perme[...]
exercer.

Kangourou

Utilisez un lavis blanc très dilué pour les reflets du pelage.

Caricature

Le poids du kangourou s'appuie sur ses pattes postérieures. Il se sert de sa grosse queue pour s'équilibrer. Après la couleur brun-rouge, ajoutez les reflets blancs et les ombres.

Pour une caricature de kan[...] ses grandes pattes postérieu[...] res et son gros nez. Trace[...] suggérer ses bonds suc[...] promène son petit da[...]

Oryctérope

Zèbre

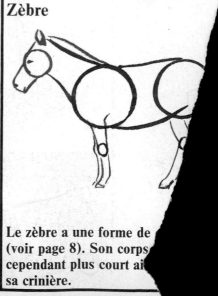

Cet animal étrange, avec son groin démesuré et ses longues oreilles, donne une caricature très intéressante.

Le zèbre a une forme de [...] (voir page 8). Son corps [...] cependant plus court ai[...] sa crinière.

Quelques autres animaux sauvages

Voici quelques animaux sauvages et leurs caricatures. Ils ont des silhouettes très variées qui vous permettront de vous exercer.

Kangourou

Utilisez un lavis blanc très dilué pour les reflets du pelage.

Caricature

Indications dynamiques

Le poids du kangourou s'appuie sur ses pattes postérieures. Il se sert de sa grosse queue pour s'équilibrer. Après la couleur brun-rouge, ajoutez les reflets blancs et les ombres.

Pour une caricature de kangourou, vous pouvez exagérer ses grandes pattes postérieures, ses petites pattes antérieures et son gros nez. Tracez des lignes dynamiques pour suggérer ses bonds successifs. Cette maman-kangourou promène son petit dans sa poche.

Oryctérope

Cet animal étrange, avec son groin démesuré et ses longues oreilles, donne une caricature très intéressante.

Zèbre

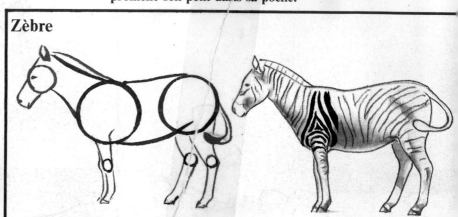

Le zèbre a une forme de cheval (voir page 8). Son corps est cependant plus court ainsi que sa crinière.

Tous les zèbres sont rayés mais leurs pelages sont tous différents. Commencez par dessiner les rayures au crayon.

Les girafes

Une girafe présente de nombreuses possibilités de caricature. Son corps a une forme très particulière, une toute petite tête et des cornes tronquées.

Pour dessiner une vraie girafe, commencez par le triangle rouge puis ajoutez les autres formes (jambes et tête).

Voir l'encadré ci-dessous pour réaliser les taches de la girafe.

Coloriez le zèbre à la peinture ou aux crayons de couleur. Ses rayures lui permettent de se camoufler dans l'herbe haute, à l'abri des lions.

Truc

Pour peindre des taches à l'aquarelle, mouillez d'abord le papier à l'eau claire. Déposez la couleur sur le papier encore humide. Les bords des différentes taches vont se fondre entre eux et donner un aspect plus réaliste.

21

Les très gros animaux

Exercez-vous à dessiner les grandes rides de l'éléphant et du rhinocéros.

Les grands animaux donnent aussi de bonnes caricatures à cause de leur aspect pataud.

Éléphant

L'éléphant d'Afrique a les oreilles plus grandes que l'éléphant d'Asie.

Commencez par les formes de base — rouges, puis bleues puis vertes.
Coloriez l'éléphant à l'aquarelle grise. Sur le papier encore humide, tamponnez les taches jaune sable et les ombres. Quand c'est sec, ajoutez les rides. Vous pouvez également vous servir de crayons de couleur tendres, puis tracer les rides au crayon dur.

Caricature de rhinocéros

Cornes   Oreilles

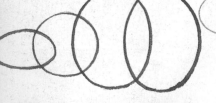

Suivez les étapes ci-dessus. Pour le corps, dessinez quatre ovales qui se chevauchent.

Ajoutez des bâtonnets pour indiquer les pattes. Puis indiquez la position des cornes et des oreilles, comme indiqué ci-dessus.

Dessinez ensuite les yeux, la bouche, les pattes et la queue. Marquez le contour au feutre noir, puis coloriez l'intérieur.

Éléphant

Sa caricature est une forme simplifiée de l'animal réel. Vous pouvez presque lui donner une allure humaine si vous le dessinez en train de lire un journal ou de danser, comme celui-ci.

Baleine

Commencez par la forme ci-dessus, à moitié immergée. La baleine souffle de l'eau par son évent. Dessinez ensuite la queue qui se dresse au-dessus de l'eau.

Hippopotame

Ajoutez les rides et les détails quand les autres couleurs sont sèches.

L'hippopotame a une forme similaire à celle de l'éléphant mais plus ramassée. Ses pattes sont plus cylindriques. Il marche toujours la tête basse.

Coloriez au lavis gris et brun-rose. Mélangez les couleurs en mouillant bien le pinceau.

Hippopotame

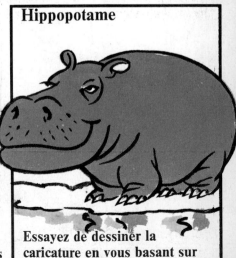

Essayez de dessiner la caricature en vous basant sur l'esquisse de l'hippopotame réel. Accentuez les mâchoires et raccourcissez les pattes.

23

Les ours

Voici comment dessiner les trois principales espèces d'ours. Pour le rendu de la fourrure, voyez pages 4-5.

L'ours brun

Certains ours bruns mesurent jusqu'à 2,5 m, dressés sur leurs pattes postérieures. Ils ont à peu près la même constitution que les ours polaires. L'ours brun ci-dessous a été colorié aux crayons de couleur brun clair, brun-rouge et brun foncé.

L'ours polaire

L'ours polaire — ou ours blanc — est l'un des animaux les plus puissants de la planète. Son corps trapu est couvert d'une épaisse fourrure.

Ombrez le corps en jaune pâle et gris-bleu pour le faire ressortir sur le papier blanc.

Caricature de panda

Les traits caractéristiques du panda donnent de très bonnes caricatures. Vous pouvez le dessiner au milieu de pousses de bambou, plante dont il se nourrit.

Les « peluches » vivantes

Plusieurs animaux ressemblent à des jouets en peluche à cause de leur petite taille et de leur pelage très doux.

Koala

Cette maman-koala qui porte son petit sur le dos grimpe sur une branche d'eucalyptus. Tracez d'abord les formes de la mère puis placez le bébé. Des lavis noirs et bruns ont été utilisés pour donner l'effet de peluche.

Passez l'aquarelle sur le papier encore humide pour que les couleurs se fondent.

Loris

Un point blanc dans chaque œil lui donnera un regard vif.

Le bébé-loris a de grands yeux bruns et un pelage doux. N'appuyez pas le trait autour du corps pour éviter un contour trop précis. Dessinez à longs traits plus foncés pour lui donner son allure ébouriffée.

Bébé-phoque

Dessinez le corps en premier puis placez les nageoires. Les bébés-phoques ont un pelage doux et soyeux. Ils perdent ce pelage en grandissant.

Poussins

Leurs pattes sont très grandes par rapport à leur corps.

Utilisez un jaune vif puis un brun-orange pour les ombres et le duvet.

Les « bestioles »

Beaucoup de gens trouvent répugnantes toutes les bestioles qui rampent. Pourtant, certaines présentent de très beaux dessins sur leur corps ou sur leurs ailes.

Les araignées

Voici une araignée des jardins.

Le corps de l'araignée est constitué de formes ovales et de longues pattes, comme indiqué sur le croquis à droite.

Cette araignée a été coloriée à l'aquarelle. Commencez par un lavis léger puis ajoutez les ombres par-dessus. Laissez une croix blanche sur le dos.

Vous pouvez dessiner une énorme araignée suspendue à sa toile en exagérant les poils de ses pattes, ses yeux globuleux et son corps rond.

Fourmi

Tête

Abdomen

Thorax

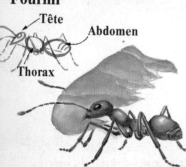

Les corps de tous les insectes sont divisés en trois parties — la tête, le thorax et l'abdomen. Dessinez les formes générales de la fourmi et coloriez-les comme indiqué.

Guêpe

Tous les insectes ont six pattes qui partent du thorax.

Fines nervures sur les ailes

Le corps d'une guêpe est semblable à celui de la fourmi mais sa tête et son abdomen sont plus ronds. Les ailes sont fines. Ses couleurs vives éloignent ses ennemis.

Les abeilles

Les abeilles, couvertes de poils, sont plus rondes et leurs ailes sont plus petites que chez les guêpes. Dessinez une vraie abeille et sa caricature.

26

Sauterelle

Le mâle « chante » en frottant ses pattes postérieures l'une contre l'autre.

Il existe environ un million d'espèces d'insectes sur Terre.

Les pattes postérieures de la sauterelle sont longues et puissantes et lui permettent de sauter très haut et très loin. Son dos est plus droit que chez la fourmi, la guêpe ou l'abeille.

Pour la colorier, commencez par un vert léger. Ajoutez les teintes plus foncées par-dessus puis terminez par les lignes noires de sa carapace rigide.

Les chenilles

Escargot

Dessinez la spirale de la coquille.

Les lignes blanches sur la coquille lui donnent un certain brillant. Dessinez une trace baveuse derrière l'escargot.

Cafard

Le cafard a une carapace dure et brillante, de couleur noire ou brune. Dessinez les petits poils des pattes et de longues antennes.

Les chenilles sont constituées de plusieurs segments qui se rétrécissent vers la tête. Celle-ci est très colorée pour faire peur à ses prédateurs.
Les chenilles rouges et poilues donnent des caricatures très amusantes.

Les animaux qui nagent

Vous apprendrez ici comment dessiner quelques animaux qui vivent dans ou près de l'eau. Les poissons ont des formes très simples mais vous pouvez leur donner des couleurs vives. Essayez aussi les animaux plus compliqués comme les pingouins, les hippocampes et les tortues.

Requin

Ouïes

Pour faire une caricature de requin, commencez par la silhouette générale. Ils ont un corps effilé grâce auquel ils nagent très vite. Notez l'aileron qui sort au-dessus de l'eau.

Placez les autres nageoires et les ouïes. La queue est incurvée ; la partie supérieure est plus longue que la partie inférieure. Les dents acérées et triangulaires pointent vers l'arrière.

Autres caricatures de poissons

Pieuvre

Copiez cette pieuvre géante rampant au fond de la mer. Sa tête est ronde et elle a huit tentacules couverts de ventouses.

▼

Les formes de ces poissons tropicaux sont des variations sur une même forme de base et leurs couleurs sont très variées. Vous pouvez leur dessiner des nageoires et des queues extravagantes.

Les pingouins

Pour dessiner des pingouins réalistes, utilisez les formes de base ci-contre. Leur corps est lisse et très effilé. Leurs petites nageoires leur donnent une allure comique. Pour l'eau glacée, faites des traînées d'aquarelle bleu pâle puis trempez le pinceau dans l'eau et étalez la couleur.

Ajoutez les yeux quand la peinture est sèche.

Ombrez légèrement le corps.

Tortue

Aquarelle

Hippocampe

Grenouilles

Dessin au crayon fin pour la tête et les nageoires.

La forme de la tortue est un gros ovale pour le corps et des sortes de feuilles pour les nageoires. La carapace ressemble à une armure.

L'hippocampe a la forme d'un S et des nageoires très délicates. Soulignez les aspérités du corps à la peinture blanche.

Comparez la grenouille réaliste à la caricature. Les yeux globuleux et la large bouche ont été exagérés.

29

Les animaux qui volent

Tous les animaux de ces deux pages volent mais leurs corps sont très différents les uns des autres.

Certains ont des plumages très colorés.

Les oiseaux

Tête, corps et queue forment une longue ligne droite.

Voici les formes de base d'une hirondelle de mer. Comparez avec les autres oiseaux.

L'hirondelle de mer est blanche sauf la tête, le bec et les pattes. Ombrez le corps en gris-bleu.

Vous pouvez adapter les formes à d'autres positions. Souvenez-vous que les ailes partent de l'épine

dorsale. Elles se plient toujours au même endroit et s'incurvent légèrement en arrière.

Les plumes

Forme des plumes à l'aquarelle marron

Détails au crayon de couleur

Entraînez-vous à dessiner les détails d'une aile. Employez pour cela des crayons de couleur.

Chouette

Corps et tête en forme de cœur

Cette chouette a été coloriée par petites touches de brun-rouge et brun-noir sur du papier humide. Les touches plus claires indiquent le duvet du ventre.

Flamant rose

Le bec, le cou et le corps du flamant forment une sorte de S. Coloriez-le en plusieurs nuances de rose et en bleu pâle pour les ombres.

Caricature de toucan

Dessinez soigneusement les formes de base du corps et du bec, au crayon, puis affinez les contours.

Vous pouvez lui choisir n'importe quelle couleur.

Paon

Utilisez un pinceau très fin pour les plumes.

Détail d'un « œil »

Dessinez tout d'abord un grand ovale de chaque côté, au crayon, puis dessinez le corps au milieu et coloriez les plumes.

Les papillons

Le pastel donne un aspect poudreux.

Pour dessiner les papillons dans différentes positions, copiez la forme en rouge sur du papier et découpez-la. Pliez-la dans la position qui vous intéresse et dessinez-la. Ces papillons ont été coloriés au pastel.

Caricature de chauve-souris

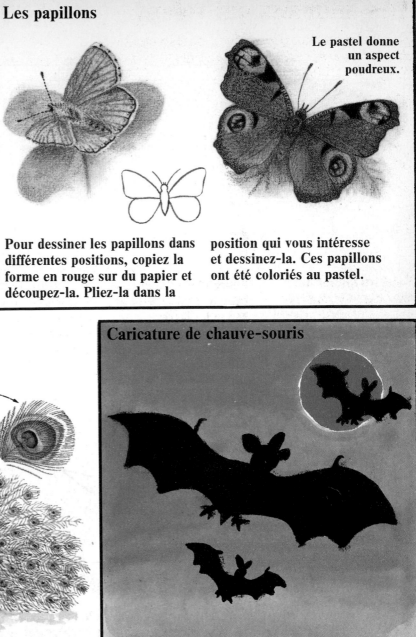

Pour cette scène, copiez ou décalquez les silhouettes. Coloriez-les à la craie de cire noire, puis passez un lavis bleu foncé par-dessus.

Index

abeille, 26
agneau, 10
araignée, 26

baleine, 23
bébé-phoque, 25
blatte, 27

canard, 11
cerf, 12
chameau, 18
chats, 6-7
chauve-souris, 31
chenille, 27
cheval, 3, 8-9
chiens, 6-7
chouette, 30
cochon d'Inde, 19
cochon, 11
coq, 11
crocodile, 17

dromadaire, 18

escargot, 27
écureuil, 13
éléphant, 22-23

faisan, 31
faon, 13
flamant rose, 30
fourmi, 26

gibbon, 16
girafe, 21
gorille, 16
grenouille, 29
guépard, 14
guêpe, 26

hamster, 19
hérisson, 13
hippocampe, 29
hippopotame, 23

jaguar, 14

kangourou, 20
koala, 25

lapin, 12
lézard, 18
lion, 14-15
loris, 25

mouton, 10

oiseaux, 30-31

orang-outang, 16
oryctérope (aardvark), 20
ours blanc, 24
ours brun, 24

panda, 24
papillon, 31
pieuvre, 28
pingouins, 29
poissons, 28-29
poule, 11
poussins, 25

renard, 13
requin, 28
rhinocéros, 22

sauterelle, 27
serpents, 17-18
singes, 16-17
souris, 19

tigre, 14-15
tortue, 29
toucan, 31

vache, 10
veau, 10

zèbre, 20-21

Copyright © Usborne Publishing Ltd., 1987. Copyright © Scholastic Canada Ltd., 1990, pour le texte français. Tous droits réservés.

ISBN 0-590-73529-2

Titre original: How to Draw Animals.

Édition publiée par Scholastic Canada Ltd., 123 Newkirk Road, Richmond Hill, Ontario, Canada L4C 3G5, avec la permission de Usborne Publishing Ltd.

4321   Imprimé en Belgique   01234/9

Les petits animaux

Généralement, les petits animaux à fourrure ont un corps en forme de boule. On peut adapter les formes de la souris (à droite) pour le hamster ou le cochon d'Inde.

Cochon d'Inde

Le cochon d'Inde est plus trapu qu'une souris. Celui-ci est une variété à longs poils. Esquissez les poils au crayon très léger avant de les peindre.

Petits yeux noirs en forme de perles

Souris

◄ Pour colorier une souris, utilisez un lavis jaune sable. Laissez sécher puis, par-dessus, tracez les poils courts au crayon.

Hamster

Le hamster est plus gros et plus rond qu'une souris. Coloriez-le d'un brun léger. Après séchage, peignez la fourrure à petits coups, dans la même couleur mais plus dense. Puis accentuez les zones sombres par-dessus.

Caricature de souris

La souris se prête bien à la caricature à cause de ses grandes oreilles, de son museau pointu et de sa longue queue. Essayez de dessiner vous-même les formes de base de cette souris.

19